Persönlichkeit in der Psychologie. Persönlichkeitstests und der Zusammenhang zwischen Persönlichkeit und Gesundheit

Alina Obersteg

Bibliografische Information der Deutschen Nationalbibliothek:

Die Deutsche Nationalbibliothek verzeichnet diese Publikation in der Deutschen Nationalbibliografie; detaillierte bibliografische Daten sind im Internet über http://dnb.d-nb.de abrufbar.

ISBN: 9783346817341
Dieses Buch ist auch als E-Book erhältlich.

Druck und Bindung: Books on Demand GmbH, Norderstedt Germany
Gedruckt auf säurefreiem Papier aus verantwortungsvollen Quellen

Das vorliegende Werk wurde sorgfältig erarbeitet. Dennoch übernehmen Autoren und Verlag für die Richtigkeit von Angaben, Hinweisen, Links und Ratschlägen sowie eventuelle Druckfehler keine Haftung.

Das Buch bei GRIN: https://www.grin.com/document/1328029

Einsendeaufgabe

Persönlichkeitspsychologie
Alternative B

Online hochgeladen am 31.12.2021
SRH Fernhochschule

Modul: Persönlichkeitspsychologie
Studiengang: Wirtschaftspsychologie (B.Sc.)

Von:
Alina Obersteg

Inhaltsverzeichnis

Abkürzungsverzeichnis

BPS	Borderline-Persönlichkeitsstörung
bzw.	beziehungsweise
d.h.	das heißt
DSM	Diagnostic an Statistical Manual of Mental Disorders
ggf.	gegebenenfalls
o.g.	oben genannt
sog.	so genannt
z.B.	zum Beispiel

Abbildungsverzeichnis

1. Teilaufgabe B1

1.1 Gütekriterien für Testverfahren

Gütekriterien stellen Anforderungen bei Testverfahren dar, die deren wissenschaftliche Qualität sichern. Sie beruhen auf international etablierten Standards. Im Laufe der Zeit haben sich diverse Kriterien herausgestellt. Nach Kubinger (2003) gilt es die folgenden zehn Gütekriterien bei der Test- und Fragebogenkonstruktion zu berücksichtigen: Objektivität, Reliabilität, Validität, Skalierung, Normierung, Testökonomie, Nützlichkeit, Zumutbarkeit, Unverfälschbarkeit und Fairness. In der Regel werden jedoch die Gütekriterien Objektivität, Reliabilität und Validität als Hauptgütekriterien bevorzugt berücksichtigt, da diese Kriterien darüber entscheiden, ob das Testverfahren als wissenschaftliches Testinstrument eingesetzt werden kann (Vgl. Moosbrugger & Kelava, 2000).

1.1.1 Objektivität

Das Gütekriterium der Objektivität muss erfüllt sein, um die Vergleichbarkeit der Ergebnisse verschiedener Testpersonen bei Testverfahren sicherzustellen. Man unterscheidet hierbei zwischen Durchführungsobjektivität, Auswertungsobjektivität und Interpretationsobjektivität. Dies bedeutet, dass es keinen Verhaltensspielraum in der Durchführung, Auswertung oder Interpretation des Tests geben darf.

Nach Moosbrugger & Kelava (2000) ist Objektivität demnach dann gegeben, wenn das gesamte Testverfahren, inklusive aller Testmaterialien, der Testdarbietung, Testauswertung und Interpretationsregeln so exakt festgelegt ist, dass der Test unabhängig von Ort, Zeit, Testleiter und Auswerter durchgeführt werden könnte und für eine bestimmte Testperson bezüglich des untersuchten Merkmals dennoch dasselbe Ergebnis und dieselbe Ergebnisinterpretation liefert.

1.1.2 Reliabilität

Das Gütekriterium der Reliabilität gibt die Genauigkeit eines Test- oder Messverfahrens an. Reliabilität ist demnach gegeben, wenn ein Test das Merkmal, das er misst, exakt und ohne Messfehler misst (Vgl. Moosbrugger & Kelava, 2000).

1.1.3 Validität

Das Gütekriterium der Validität befasst sich mit der inhaltlichen Übereinstimmung zwischen dem, was der Test misst, und dem Merkmal, das man mit dem Test messen möchte. Dies betrifft insbesondere die Belastbarkeit von Testwertinterpretationen sowie die Schlussfolgerungen, die auf Basis der Testergebnisse gezogen werden. „Validität/Gültigkeit eines Tests liegt vor, wenn der Test das Merkmal, das er messen soll, auch wirklich misst und nicht irgendein anderes." (Moosbrugger & Kelava, 2000, S. 30).

1.2 Persönlichkeitstests

Psychologische Tests lassen sich hinsichtlich der Testarten in Leistungstests und Persönlichkeitstests unterscheiden. Bei Leistungstests geht es um die Erfassung der maximalen Verhaltensleistung. Die Tests bestehen aus Testaufgaben, deren Bearbeitung bzw. Beantwortung als richtig oder falsch bewertet werden kann. Im Gegensatz zu Leistungstests enthalten Persönlichkeitstests und -fragebogen keine Aufgaben, die mit richtig oder falsch bewertet werden können, sondern erfordern eine Selbstauskunft über das für die Testperson typische Verhalten und Erleben in Abhängigkeit von der Ausprägung der Persönlichkeitsmerkmale (Vgl. Moosbrugger & Kelava, 2000). Ein Persönlichkeitstest dient demnach der Messung von Persönlichkeitseigenschaften. Er soll emotionale und motivationale Aspekte des Verhaltens (Verhaltensweisen, Einstellungen, Überzeugungen, Wertvorstellungen, Vorlieben, Stärken, Schwächen und Charaktereigenschaften) in Alltags- und Arbeitssituationen vorhersagen (Vgl. Simon, 2010). Die Items werden bei Persönlichkeitstests so gewählt, dass sie für das zu untersuchende Merkmal charakteristisch sind und die Antworten als symptomatisch für eine hohe bzw. für eine niedrige Merkmalsausprägung bewertet werden können.

Für die Durchführung von Persönlichkeitstest kommen verschiedene Erhebungsverfahren infrage. Neben den Verfahren zur Erfassung von stabilen Eigenschaften und temporären Zuständen, Symptomen oder Verhaltensweisen gibt es auch zahlreiche Verfahren zur Messung von Motivation, Interessen, Meinungen und Einstellungen. Bei der psychometrischen Erfassung von mehreren Persönlichkeitsdimensionen kommen Persönlichkeitsstrukturtests und

Persönlichkeitstestsysteme zum Einsatz. Persönlichkeitstests zeichnen sich demnach auch damit aus, dass deren Bearbeitung bzw. die Beantwortung als subjektiv bewertet werden muss. Die Angaben der Testpersonen können sowohl beabsichtigt als auch unbeabsichtigt in beide Richtungen verfälscht worden sein („faking good"/"faking bad") (Moosbrugger & Kelava, 2000, S. 47).

Dies erschwert die Einhaltung der Gütekriterien für wissenschaftliche Tests enorm.

1.2.1 Objektivität bei Persönlichkeitstests

Eine Möglichkeit, um das Gütekriterium der Objektivität bei Persönlichkeitstests sicherzustellen ist der Einsatz Objektiver Persönlichkeitstests.

Die Reduktion von Verfälschungstendenzen wird hierbei durch zwei Maßnahmen angestrebt. Die Objektivität wird zum einen dadurch erreicht, dass keine Selbstbeurteilungen der Testpersonen erfasst werden, sondern (Stich-)Proben von konkretem Verhalten in experimentell erzeugten Anforderungssituationen. Somit wird eine bewusste subjektive Verfälschung, z.B. aufgrund von sozialer Erwünschtheit drastisch reduziert (Vgl. Moosbrugger & Kelava, 2000). Zum anderen werden die Aufgabenstellungen häufig so gewählt, dass die Testpersonen den Zusammenhang zwischen Messintention und Messprinzip aus den Testaufgaben nicht oder nur schwer erkennen können. Durch die Verschleierung des Messprinzips wird den Testpersonen ebenfalls die Möglichkeit einer bewussten Verfälschung des Testergebnisses genommen. Das Gütekriterium der Objektivität wird demnach insofern gefördert, als dass die Standardisierung der Durchführung, Auswertung und Interpretation auch den Testpersonen keinen Spielraum für individuelle Verhaltensverfälschungen einräumen (Vgl. Moosbrugger & Kelava, 2000). Darüber hinaus muss zudem auch die Objektivität der testdurchführenden Person im Bezug auf die Durchführung, Auswertung und Interpretation gewährleistet sein. Die Durchführungsobjektivität bei Persönlichkeitstests kann durch die Einhaltung folgender Anforderungen erzielt werden:

- Konstanz der Fragen/Aufgabestellungen/Testmaterialien
- Angabe der zur Beantwortung vorgegebenen Zeitdauer
- Festlegung der Instruktion

Um eine hohe Auswertungsobjektivität bei Persönlichkeitstests zu gewährleisten, werden inhaltliche Gesichtspunkte festgelegt, nach denen bestimmte Antwortalternativen symptomatisch für eine hohe Merkmalsausprägung sind und Antwortalternativen nicht. Die Vergabe von Punktwerten/Itemwerten für die einzelnen Aufgaben kann demnach sicher erfolgen. Bei der Verwendung von offenen Frageformaten müssen die Testpersonen ihre Antwort selbst erzeugen und können nicht aus vorgegebenen Antwortalternativen wählen. Hierbei bedarf es bei der Auswertung detaillierte Kodierungsregeln. Es ist zudem notwendig die Auswertungsobjektivität empirisch nachzuweisen (Vgl. Moosbrugger & Kelava, 2000).

1.2.2 Reliabilität bei Persönlichkeitstests

Die Reliabilität umfasst die drei Aspekte Stabilität, Konsistenz und Äquivalenz. Eine hohe Reliabilität bei Persönlichkeitstests setzt eine Unabhängigkeit des Tests von Zufallsschwankungen und Umweltbedingungen voraus (Vgl. Simon, 2010). Damit schließt sich die Maßnahmen zur Sicherstellung der Reliabilität denen der Objektivität weitestgehend an. Sie kann darüber hinaus verbessert werden, indem die Objektiven Persönlichkeitstests mithilfe vergleichbarer Items verlängert werden. Außerdem sollte bei der Itemformulierung Homogenität angestrebt werden. D.h. die Items sollten sich gegenseitig beinhalten. Außerdem sollten trennscharfe Items verwendet werden, die eindeutig zwischen Personen mit niedriger und Personen mit hoher Merkmalsausprägung unterscheiden (Vgl. Krauth, 1995).

1.2.3 Validität bei Persönlichkeitstests

Um die inhaltliche Übereinstimmung zwischen dem Merkmal, das der Test misst, und dem Merkmal, das mit dem Test gemessen werden soll, sicherzustellen, müssen die zu messenden Merkmale klar definiert werden und von ähnlichen Merkmalen abgegrenzt werden. Außerdem ist es wichtig, dass das Testverfahren nur die Inhalte abfragt, die tatsächlich das zu messende Merkmal betreffen (Vgl. Moosbrugger & Kelava, 2000). Bei Resilienztests ist die Validität beispielsweise darauf bezogen, dass durch den Test die tatsächlich für die Bestimmung der Resilienz relevanten Aspekte gemessen werden und dass diese Erhebung eine Vorhersage über die Widerstandsfähigkeit gegenüber belastenden Lebensumständen bei den Testpersonen erlaubt (Vgl. Krauth, 1995).

1.3 Die Borderline-Persönlichkeitsstörung

1.3.1 Krankheitsbild

Die Borderline-Persönlichkeitsstörung (kurz: BPS) ist eine psychische Störung, die durch Instabilität und Störung der Affektregulation gekennzeichnet ist. Charakteristisch für diese Persönlichkeitsstörung sind Impulsivität, instabile, aber intensive zwischenmenschliche Beziehungen, schwerwiegende Stimmungsschwankungen und ein unsicheres Selbstbild aufgrund von gestörter Selbstwahrnehmung. Weitere Symptome sind selbstschädigendes Verhalten, Gefühl innerer Leere, Dissoziationserlebnisse und Angst vor dem Verlassenwerden. Betroffene erleben sich häufig plötzlich als andere Person und haben das Gefühl, sich selbst nicht zu kennen und steuern zu können. Sie leiden unter inneren Anspannungen, da sie ihre Emotionen schlecht einordnen können. Betroffene können jedoch auch sehr begeisterungsfähig und spontan sein und besitzen darüber hinaus häufig einen ausgeprägten Gerechtigkeitssinn. Die Symptome machen sich in der Regel bereits in der Kindheit bemerkbar und erreicht ihren Höhepunkt um das 25. Lebensjahr. Danach geht die Intensität mit zunehmendem Alter zurück (Vgl. Sendera & Sendera, 2010).

1.3.2 Entstehung

Bestimmte Anteile der Borderline-Persönlichkeitsstörung sind erblich bedingt bzw. genetisch-biologisch vermittelt. Das betrifft vor allem Merkmale des Temperaments, wie hohe Impulsivität und schwankende Stimmungen. Dazu kommen psychosoziale Risikofaktoren, wie beispielsweise frühe Gewalt, sexuelle Traumatisierung in der Kindheit oder auch Vernachlässigung durch Bezugspersonen. Die Entstehung der BPS kann außerdem dadurch begünstigt werden, wenn betroffene Personen in ihrer Kindheit ständig mit Anforderungen konfrontiert wurden, die für sie nicht umsetzbar waren. Dies führt schon in der Kindheit dazu, dass die eigene Person infrage gestellt wird. Es kann zudem davon ausgegangen werden, dass sich das gestörte Verhalten in der sozialen Interaktion für Betroffene durchaus auch als vorteilhaft erwiesen hatte. So wird beispielsweise selbstverletzendes Verhalten auch noch im Erwachsenenalter beibehalten, da Betroffene bereits in der Kindheit die Erfahrung gemacht haben (von ihren Eltern) nicht allein gelassen zu werden, wenn sie große Schmerzen simulieren oder sich tatsächlich zufügen (Vgl. Prölß et al., 2019).

1.3.3 Diagnostik

Das Klassifikationssystem Diagnostic an Statistical Manual of Mental Disorders (DSM) hat die BPS im Jahr 1980 in das DSM-III aufgenommen.

Im DSM-IV von 1994 wurde ein Kriterienkatalog erstellt. Für die Diagnose einer BPS müssen fünf der folgenden neun Kriterien erfüllt sein:

1. Verzweifeltes Bemühen, ein reales oder imaginäres Verlassenwerden zu verhindern (keine Berücksichtigung von Suizid oder Selbstverletzung)
2. Muster von instabilen und intensiven zwischenmenschlichen Beziehungen, das sich durch einen Wechsel zwischen den beiden Extremen Idealisierung und Abwertung auszeichnet
3. Identitätsstörung: ein anhaltendes und deutlich gestörtes, verzerrtes oder instabiles Selbstbilds bzw. eines gestörten Gefühls für die eigene Person (z. B. das Gefühl, nicht zu existieren)
4. Impulsivität bei mindestens zwei potenziell selbstschädigenden Aktivitäten (Geldausgeben, Sexualität, Substanzmissbrauch, rücksichtsloses Fahren, Fressanfälle – keine Berücksichtigung von Suizid oder Selbstverstümmelung)
5. Wiederholte suizidale Handlungen, Andeutungen, Drohungen oder selbstverletzende Verhaltensweisen
6. Affektive Instabilität in Form von ausgeprägten Stimmungsschwankungen (z. B. Euphorie, Reizbarkeit, Angst)
7. Chronisches Gefühl der Leere oder Wertlosigkeit
8. Übermäßig starke Wut oder Unfähigkeit, die Wut zu kontrollieren (z. B. häufige Wutausbrüche, andauernde Wut oder wiederholte Prügeleien)
9. Vorübergehende, stressabhängige, schwere dissoziative Symptome oder paranoide Wahnvorstellungen (Vgl. Sendera & Sendera, 2010, S. 11)

1.3.4 Behandlung

Bisher gibt es noch keine spezifische Pharmakotherapie für die Borderline-Persönlichkeitsstörung. Betroffene werden häufig dennoch medikamentös behandelt, um die Symptome der zusätzlich auftretenden Störungsbilder, wie Depressionen,

Ängste und ADHS zu bekämpfen. Für die Behandlung der Bordeline-Persönlichkeitsstörung haben sich vier psychotherapeutische Therapiemöglichkeiten etabliert. Wirksamkeitsstudien zeigen jedoch bisher auf, dass lediglich die Hälfte aller behandelten Patientinnen und Patienten auf die therapeutischen Verfahren ansprechen (Vgl. Prölß et al., 2019).

2. Teilaufgabe B2

2.1 Zusammenhang zwischen Persönlichkeit und Gesundheit

Für die Erklärung des Zusammenhangs zwischen Persönlichkeit und Gesundheit existieren verschiedene Ansätze, die sich in der Interpretation der Korrelation zwischen einem Gesundheitsmaß und einer Persönlichkeitseigenschaft unterscheiden. Smith (2006) und Friedmann (2002) haben hierzu die folgenden vier Modelle vorgeschlagen:

1. Das erste Modell nimmt an, dass die Persönlichkeit eine kausale Rolle in Bezug auf Krankheit und Gesundheit spielt. Vorausgesetzt ist die Betrachtung von Persönlichkeitsmerkmalen als biologisch basierte individuelle Unterschiede. Biologische Aktivitäten, die sich auf psychische Erkrankungen auswirken, können hierbei direkt von der Persönlichkeit beeinflusst werden. Persönlichkeitsmerkmale sind demnach mit Verhaltensweisen assoziiert, welche die Beziehung zwischen Persönlichkeit und Gesundheit vermitteln können. Dieses Modell lässt zu, dass Personen beschrieben werden können, deren Persönlichkeitseigenschaften ein höheres Risiko bergen, psychisch zu erkranken. Im Hinblick auf psychosomatische Erkrankungen wie Magengeschwüre werden psychologische Faktoren als Ursache und nicht als Folge angenommen (Vgl. Maas & Spinath, 2012). Veranschaulichen lässt sich dieses Modell durch die Verhaltensmuster Typ-A und das Typ-B. Menschen, die dem Typ-A angehören, werden als sehr ehrgeizig, wettbewerbsorientiert, perfektionistisch, feindselig und aggressiv charakterisiert. Menschen des Typ-B sind eher entspannt und weniger zwanghaft und hektisch. Die Western Collaborative Group Study fand heraus,

dass Menschen vom Typ A eine doppelt so große Gefahr laufen an einer koronaren Herzerkrankung zu leiden als Menschen vom Typ B. Eine weitere Studie von Simpson und Kollegen (1947) zeigte auf, dass Typ-A-Menschen bei Stress einen höheren Noradrenalinspiegel aufweisen, als Menschen vom Typ B. Die chronische Überregung der Stressreaktion des Körpers und der hohe Noradrenalinspiegel führen zu arteriellen Schädigungen und Läsionen im Herzen (Vgl. Maltby et al., 2011).

2. Das zweite Modell geht anstelle eines kausalen Zusammenhangs zwischen Persönlichkeit und Gesundheit von einem korrelativen Zusammenhang aus. D.h. die biologischen Ursachen, die für die Erkrankung verantwortlich sind, können auch für die Persönlichkeit verantwortlich sein. Die Persönlichkeit nimmt demnach über physiologische Mechanismen direkten Einfluss auf die Gesundheit. Wenn beispielsweise angenommen wird, dass Persönlichkeitsmerkmale, die zu cholerischem oder aggressivem Verhalten führen, auch zu koronaren Herzerkrankungen führen, so wäre umgekehrt ebenso möglich, dass die Person eine genetische Anfälligkeit zur Entwicklung koronarer Herzerkrankungen hat und das gleiche Gen auch für aggressives Verhalten verantwortlich ist. Die Veränderung der Persönlichkeit würde somit auch zur Senkung des Krankheitsrisikos beitragen (Vgl. Maas & Spinath, 2012).

3. Der Zusammenhang zwischen Persönlichkeit und Gesundheit wird über die moderierende Variable der Verhaltensweise vermittelt. Es wird davon ausgegangen, dass Persönlichkeitseigenschaften für bestimmte Verhaltensweisen (z.B. Alkohol- oder Nikotinkonsum, Ernährungsangewohnheiten) verantwortlich sind. Diese Verhaltensweisen wirken sich dann auf die Gesundheit aus und erhöhen das Risiko zu erkranken. So kann beispielsweise die Persönlichkeitseigenschaft Impulsivität dazu führen, dass Personen unter Essattacken leiden und somit gefährdet sind, an Adipositas zu erkranken (Vgl. Maas & Spinath, 2012).

4. Die vierte Möglichkeit, um den Zusammenhang zwischen Persönlichkeit und Gesundheit zu erläutern, ist, die Erkrankung als Ursache für die Persönlichkeitsveränderung zu sehen. Dieser Ansatz stellt die Umkehrung des ersten Modells dar. So wurde bei erkrankten Personen (z.B. Migräneleidenden) festgestellt, dass diese ängstlicher wurden und sich von ihrem sozialen Umfeld distanzierten. Damit verändert sich ihre Persönlichkeit insofern, als dass das Maß der Extraversion abnimmt (Vgl. Maltby et al., 2011).

2.2 Der Kohärenzsinn

Das Salutogenese-Modell wurde 1970 von Aaron Antonovsky entwickelt. Salutogenese setzt sich aus den Wörtern „saluto" und „genese" zusammen. Saluto kommt aus dem lateinischen (salus) und steht für Gesundheit. Genese bedeutet übersetzt „entstehen". Das Modell beschäftigt sich demnach mit der Entstehung von Gesundheit und der Kernfrage, was Menschen gesund hält. Dem Modell zufolge gibt es keinen Zustand vollkommener Gesundheit oder Krankheit. Somit lässt sich Gesundheit als einen kontinuierlichen Prozess verstehen. Die Menschen bewegen sich immer auf einem Kontinuum zwischen Gesundheit und Krankheit, mit dem Ziel, sich in Richtung Gesundheit zu bewegen (Vgl. Faltermaier, 2005). Die ständige Konfrontation mit Stressoren erzeugt einen Spannungszustand, der sich sowohl positiv als auch negativ auf die Gesundheit auswirken kann. Um sich auf dem Kontinuum weiter in Richtung Gesundheit zu bewegen oder den jetzigen Gesundheitszustand zu halten, gilt es, die Spannung mithilfe allgemeiner Widerstandsressourcen genetischer, konstitutioneller und psychosozialer Natur, zu bewältigen. Diese Ressourcen entstehen durch Lebenserfahrungen, die zur Erzeugung von Konsistenz beitragen und personale Kontrolle ermöglichen. Personen, die über diese Widerstandsressourcen verfügen, schaffen es zudem, ein Gleichgewicht zwischen Überforderung und Unterforderung herzustellen (Vgl. Haring, 2019). Dabei spielt das Kohärenzgefühl eine zentrale Rolle. Nach Antonovsky ist es entscheidend für das subjektive Gesundheitsbefinden. Die Kohärenz besteht aus drei Komponenten: Dem Gefühl der Verstehbarkeit, dem Gefühl der Bewältigbarkeit und dem Gefühl der Sinnhaftigkeit. Das Gefühl der Verstehbarkeit impliziert die Überzeugung, dass das Leben klar, verstehbar und strukturiert ist. Das Gefühl der Bewältigbarkeit bezieht sich auf die Zuversicht, dass die

Anforderungen des Lebens mithilfe eigener Ressourcen zu bewältigen sind und als Herausforderungen verstanden werden, für die es sich lohnt, Energie aufzubringen. Unter dem Gefühl der Sinnhaftigkeit versteht Antonovsky ein Grundgefühl, dass das eigene Leben und die Lebensumwelt als emotional bedeutungsvoll und persönlich wichtig wahrgenommen werden.

Je ausgeprägter das Kohärenzgefühl ist, desto weniger werden fordernde Situationen als Belastung wahrgenommen, da die Überzeugung einer erfolgreichen Problemlösung vorhanden ist. Probleme werden klarer wahrgenommen und lebende Emotionen geringer, womit letztlich eine angemessene und gesundheitsförderliche Bewältigungsstrategie gewählt werden kann. Menschen mit einem ausgeprägten Gefühl der Kohärenz bewegen sich so auf dem Kontinuum mehr in Richtung Gesundheit (Vgl. Faltermaier, 2005).

2.2.1 Rolle des Kohärenzsinnes in der Gesundheitsförderung

Zwischen dem Kohärenzsinn und Faktoren der psychischen Gesundheit bestehen sowohl positive als auch negative Zusammenhänge. Die positiven Zusammenhänge sind beispielsweise Optimismus, Widerstandsfähigkeit, erlernter Einfallsreichtum, die Akzeptanz von Behinderungen, Beherrschung, Kontrollüberzeugung, Sozialkompetenz, Selbstwertschätzung und Selbstwirksamkeit. Darüber hinaus weist der Kohärenzsinn auch negative Zusammenhänge wie Angst, Zorn, Burnout, Demoralisierung, Feindseligkeit, Hoffnungslosigkeit, Depression, wahrgenommene Stressoren und posttraumatischen Belastungssyndrome auf.

Trotz hoher Korrelationen stellen psychische Gesundheit und der Kohärenzsinn zwei voneinander abzugrenzende Konstrukte dar, sodass folgender Zusammenhang angenommen wird: Personen mit einem stark ausgeprägten Kohärenzsinn können stressige Situationen besser bewältigen und bleiben länger gesund als Personen mit einem schwach ausgeprägten Kohärenzsinn. Der Kohärenzsinn kann zudem als eine Variable zur Förderung der Resilienz betrachtet werden. Auch für die Resilienz selbst konnten eine positive Korrelation mit der Gesundheit belegt werden. Es besteht demnach ein positives Verhältnis zu psychischer und physischer Gesundheit und ein negatives Verhältnis zu traumatisch bedingten Belastungen und zum Schweregrad posttraumatischer Belastungsstörungen (Vgl. Rowold & Bormann, 2015).

Antonovsky selbst sieht keinen direkten Einfluss der Kohärenz auf das Gesundheitsverhalten. Er weist auf einen indirekten Einfluss hin, der sich auf die Reaktion bzw. die Bewältigungsstrategien von Menschen in Konfrontation mit Stressoren bezieht. Demnach würden Menschen mit einem hohen Kohärenzgefühl auf Stressoren weniger häufig mit einem Risikoverhalten wie beispielsweise Nikotin- oder Alkoholkonsum reagieren, sondern auf nicht gesundheitsschädliche Bewältigungsstrategien zurückgreifen (Vgl. Faltermaier, 2005).

2.2.2 Kohärenzsinn in der Personalführung

„Die Gesunderhaltung der Mitarbeiter als Grundlage einer kreativen Arbeitsleistung stellt das Ziel des betrieblichen Gesundheitsmanagements (BGM) in Organisationen dar." (Rowold & Bormann, 2015, S. 65).

Um den Kohärenzsinn in der Führung von Mitarbeitenden eines Unternehmens stärker zu berücksichtigen, muss an die Komponenten des Kohärenzgefühls angeknüpft werden. Das Kohärenzgefühl setzt sich aus dem Gefühl der Verstehbarkeit, dem Gefühl der Bewältigbarkeit und dem Gefühl der Sinnhaftigkeit zusammen (Vgl. Faltermaier, 2005). In der Praxis müssen diese drei Gefühle der Mitarbeitenden berücksichtigt werden. Mitarbeitende empfinden demnach nur dann Kohärenz, wenn die beruflichen Ziele und Anforderungen transparent und für sie nachvollziehbar sind, sie über die dazu passenden Ressourcen und Rahmenbedingungen verfügen und ihre Tätigkeit als sinnvoll, logisch und lohnend beurteilen. Daraus ergeben sich die konkreten drei Handlungsempfehlungen:

1. Anforderungen und Anweisungen an Mitarbeitende müssen klar und verständlich ausgedrückt und die damit verbunden Ziele transparent erläutert werden. Die Mitarbeitenden müssen die Informationen als klar, geordnet und strukturiert erleben. Chaotische, zufällige oder unverständliche Informationen sind unbedingt zu vermeiden. Führungskräfte sollten sich regelmäßig rückversichern, dass ihre Anforderungen und Anweisungen an Mitarbeitende zu jedem Zeitpunkt verstanden und als klar und strukturiert wahrgenommen werden.

2. Die Anforderungen an die Mitarbeitenden müssen für diese bewältigbar sein. Führungskräfte müssen sich bei der Stellung von Anforderungen über die verfügbaren Ressourcen ihrer Mitarbeiterinnen und Mitarbeiter im Klaren sein. Es ist unbedingt zu vermeiden nicht einhaltbare zeitliche Vorgaben zu stellen oder eine zu hohe Arbeitsmenge anzusetzen. Es ist empfehlenswert, Rücksprache mit den Mitarbeitenden bezüglich deren wahrgenommenen Ressourcen zu halten und die Anforderungen ggf. an die Ressourcen der Mitarbeitenden anzupassen.

3. Die Anforderungen an Mitarbeitende müssen stets sinnbehaftet sein. Nur dann wird die Arbeit als lohnend und sinnvoll angesehen und Mitarbeiterinnen und Mitarbeiter werden sich engagiert mit den Anforderungen und Herausforderungen auseinandersetzen und ihre Ressourcen investieren. Hierbei ist es wichtig, dass den Mitarbeitenden auch die Hintergründe ihrer Arbeit erläutert werden. So wird das Verständnis für die Anforderung gewährleistet und die Mitarbeitenden sehen einen Sinn in ihrer Arbeit.

3. Teilaufgabe B3

3.1 Fünf Faktoren der Persönlichkeit

Das Fünf-Faktoren-Modell (Big Five) ist ein Modell der Persönlichkeitspsychologie, welches die menschliche Persönlichkeit in fünf Dimensionen unterteilt (Vgl. Abb. 1). Das Fünf-Faktoren-Modell der Persönlichkeit hat eine lange Entwicklungsgeschichte, die dazu beigetragen hat, dass die Faktoren von verschiedenen Autoren teilweise unterschiedlich bezeichnet werden. Im Folgenden sollen die von Costa und McCrea formulierten Faktoren benannt und beschrieben werden (Vgl. Rauthmann, 2017).

Die fünf Dimensionen (Big Five) nach Costa und McCrea sind:
1. Offenheit für Erfahrung (openness to experience)
2. Gewissenhaftigkeit (conscientiousness)
3. Extraversion (extraversion)
4. Verträglichkeit (agreeableness)

5. Neurotizismus (neuroticism)

Offenheit für Erfahrungen (O): Dieser Faktor beschreibt das Interesse und das Ausmaß der Beschäftigung mit neuen Erfahrungen, Erlebnissen und Eindrücken. Personen mit hohen Offenheitswerten sind meist wissbegierig, intellektuell, fantasievoll und experimentierfreudig.

Gewissenhaftigkeit (C): Dieser Faktor beschreibt vor allem den Grad an Selbstkontrolle, Genauigkeit und Zielstrebigkeit. Personen mit einem hohen Maß an Gewissenhaftigkeit sind organisiert, selbstdiszipliniert und kontrolliert. Sie handeln sorgfältig, effektiv, zuverlässig und überlegt. Es fällt ihnen leicht, sich auf relevante Dinge zu fokussieren und dabei irrelevante Faktoren auszublenden. Menschen mit niedrigen Gewissenhaftigkeitswerten sind oft leicht ablenkbar und unzuverlässig. Sie handeln unsorgfältig, unüberlegt und ungenau.

Extraversion (E): Dieser Faktor bezieht sich auf zwischenmenschliches Verhalten und Aktivität. Extravertierte Menschen sind gesellig, freundlich, unternehmungsfreudig und aktiv. Sie fühlen sich wohl, wenn sie von vielen Menschen umgeben sind und zeigen sich in der Interaktion mit anderen Menschen herzlich und gesprächig.

Verträglichkeit (A): Auch dieser Faktor bezieht sich primär auf zwischenmenschliches Verhalten. Hierbei werden Einstellungen und gewohnheitsmäßige Verhaltensweisen in sozialen Beziehungen beschrieben. Personen mit hohen Verträglichkeitswerten zeichnen sich durch ihren Altruismus aus. Sie begegnen ihren Mitmenschen mit Verständnis, Wohlwollen und Mitgefühl. Sie besitzen ein hohes Maß an Hilfsbereitschaft und sind davon überzeugt, dass Mitmenschen ihnen das gleiche Maß an Hilfsbereitschaft entgegenbringen. Typisch ist zudem die Vertrauensbereitschaft, sowie die Bereitschaft zur Kooperativität und zur Nachgiebigkeit.

Neurotizismus (N): Dieser Faktor spiegelt die emotionale Stabilität sowie die Anpassungsfähigkeit einer Person wider. Hierbei geht es um individuelle Unterschiede im Erleben von negativen Emotionen und die Anpassungsfähigkeit einer Person.

Personen mit einer hohen Ausprägung von Neurotizismus fühlen sich häufiger ängstlich, nervös, angespannt, traurig, unsicher und verlegen. Sie sind schnell besorgt und haben Schwierigkeiten, Stresssituationen angemessen zu bewältigen. Diese Empfindungen sind oftmals von längerer Dauer und werden schneller ausgelöst als bei Menschen mit niedrigen Neurotizismuswerten, welche eher als stabil, entspannt, zufrieden und sicher beschrieben werden können (Vgl. Maltby et al., 2011).

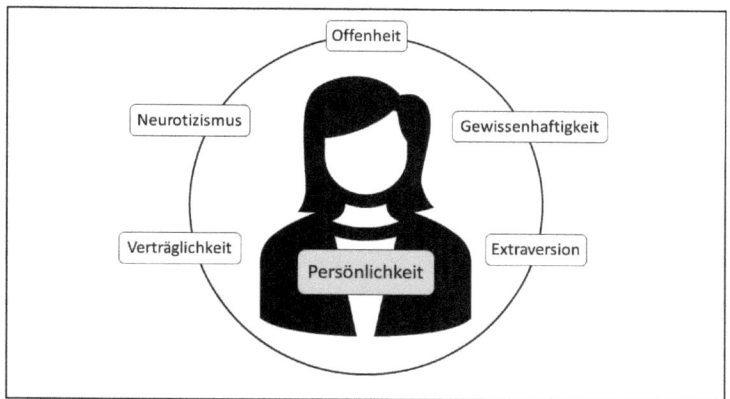

Abb. 1: Die fünf Dimensionen der Persönlichkeit (Big Five) nach Costa und McCrea
Quelle: Eigene Darstellung

3.2 Das Big Five Modell in der Personalauswahl

Um den Zusammenhang der Big-Five-Faktoren für die berufliche Leistungsfähigkeit zu belegen, wurden zahlreiche Forschungsarbeiten durchgeführt. Eine erste Metaanalyse erfolgte durch Barrick und Mount im Jahre 1991. Diese Metaanalyse fasste die Ergebnisse aus 117 Studien zusammen und konnte über mehrere Berufsgruppen hinweg hohe Korrelationen zwischen den Big-Five-Faktoren und der beruflichen Leistung aufzeigen. Das Maß der Korrelation zwischen den einzelnen Big-Five-Faktoren und der beruflichen Leistungsfähigkeit änderte sich im Hinblick auf unterschiedliche Berufsgruppen. So konnte beispielsweise im Managementbereich und bei Vertriebsmitarbeitenden ein signifikanter Zusammenhang mit dem Faktor Extraversion festgemacht werden. Der Big-Five-Faktor Gewissenhaftigkeit korrelierte über alle

Berufsgruppen hinweg signifikant mit der beruflichen Leistung und konnte somit als entscheidende Rolle in der Personalauswahl festgemacht werden (Vgl. Rowold, 2015). Auch eine weitere Metaanalyse von Hurtz und Donovan (2000) konnte dies bestätigen. Barrick, Mount und Judge fassten 2001 die Ergebnisse von 15 Metaanalysen zusammen und konnten ebenfalls herausstellen, dass der Faktor Gewissenhaftigkeit einen eindeutigen Zusammenhang mit der beruflichen Leistung aufweist. Ebenso wie der Faktor Gewissenhaftigkeit erwies sich auch der Faktor Ausgeglichenheit als guter Prädiktor für Vorgesetztenbewertungen, Produktivitätsdaten, Fluktuation, Beförderungen oder Gehaltsbemessungen in Bezug auf verschiedene Berufe (z.B. Verkauf, Management, Polizei). Barrick, Mount und Judge (2001) stellten zudem heraus, dass Extraversion vor allem mit der Leistung während der Ausbildung, im Bereich Management und bei der Teamarbeit korreliert. Emotionale Stabilität und Verträglichkeit sind ebenfalls mit der Teamarbeit korreliert, Offenheit vor allem in Bezug auf die Ausbildungsleistung. Für die Messung der Big-Five-Faktoren kommen verschiedene psychometrische Verfahren zum Einsatz z.B. der 16 PF von Cattell, das NEO Fünf-Faktoren-Inventar (NOFFI) von Costa und McCrae, sowie der Big-Five-Persönlichkeitstest (B5T) von Satow (Vgl. Laske et al., 2007).

3.3 Das Big Five Modell bei der Auswahl von Juristinnen und Juristen

Die Ebenen der juristischen Tätigkeiten sind vielfältig, weswegen es sich nicht verallgemeinernd festmachen lässt, welche Eigenschaften der Big-Five für die Personalauswahl bei allen Juristinnen und Juristen am relevantesten sind. Grundsätzlich verbindet jedoch alle Juristinnen und Juristen der Sinn für Recht und Gerechtigkeit. In ihrem „Anti-Stress-Trainer für Juristen" (2019) fasst Stefanie Simone Klief dies wie folgt zusammen: „Das Ringen um Gerechtigkeit ist nicht einfach. Dazu braucht es Ausdauer, Selbstbewusstsein und Unerschrockenheit, denn der Weg zum Recht, oder zumindest durch die Instanzen, ist meist ein langer und schwieriger." (S. 28).

Ein guter Jurist bzw. eine gute Juristin sollte demnach verschiedene Voraussetzung mitbringen. Gute Juristinnen und Juristen sollten sensibel sein und über eine hohe emotionale Kompetenz sowie eine gute Kommunikations- und Konfliktfähigkeit besitzen. Sie sollten resilient sein und ein hohes Maß an Einsatzbereitschaft und

Eigenverantwortung mitbringen. Darüber hinaus sind eine schnelle Auffassungsgabe und eine strategisch geordnete und eine strukturierte Denkweise essenziell.

Bezogen auf die Big-Five-Faktoren ist vor allem der Faktor der Gewissenhaftigkeit entscheidend. Bei Juristinnen und Juristen entscheidet bereits die Ausbildung darüber, ob das Maß an Gewissenhaftigkeit für den Beruf ausreichend ist. Das erfolgreiche Absolvieren der Examensprüfung(en) setzt ein hohes Maß an Selbstdisziplin, sowie Zielstrebigkeit, Willensstärke und Leistungs- und Pflichtbewusstsein voraus. All das sind Eigenschaften, die auch in der Ausführung des Berufs wichtig sind und somit bei der Personalauswahl zu berücksichtigen sind.

Welcher weitere Faktor für die Auswahl von Juristinnen und Juristen relevant ist, hängt vor allem von der konkreten Berufsrichtung ab. Wenn es um die Auswahl von Juristinnen und Juristen in der freien Wirtschaft (z.B. im Managementbereich) geht, wird vor allem Extraversion von Relevanz sein, während bei Volljuristinnen und - juristen im Gericht eher Verträglichkeit eine Rolle spielt.

4. Literaturverzeichnis

Faltermaier, T., & Faltermaier, T. (2017). *Gesundheitspsychologie* (2., überarbeitete und erweiterte Auflage). Verlag W. Kohlhammer.

Haring, R. (2019). *Gesundheitswissenschaften*. Springer Berlin Heidelberg. http://link.springer.com/10.1007/978-3-662-58314-2

Klief, S. S. (2019). *Der Anti-StressTrainer für Juristen „Komm zu Dir!" – Justieren Sie sich Plädoyer für das Training der Selbstregulation.* https://doi.org/10.1007/978-3-658-15957-3

Krauth, J. (1995). *Testkonstruktion und Testtheorie: mit Anwendungsprogramm auf Diskette*. Beltz, Psychologie Verl.-Union.

Laske, S., Orthey, A., & Schmid, M. (2007). *PersonalEntwickeln: Das aktuelle Nachschlagewerk für Praktiker*. Dt. Wirtschaftsdienst.

Maas, H., & Spinath, F. M. (2012). Persönlichkeit und Gesundheit. *Zeitschrift für Gesundheitspsychologie, 20*(3). https://doi.org/10.1026/0943-8149/a000071

Maltby, J., Day, L., Macaskill, A., & Köhler, D. (2011). *Differentielle Psychologie, Persönlichkeit und Intelligenz* (2., aktualisierte Auflage [der englischen Ausgabe]). Pearson Studium.

Moosbrugger, H., & Kelava, A. (2020). *Testtheorie und Fragebogenkonstruktion*.

Prölß, A., Schnell, T., Koch, L. J., Prölß, A., Schnell, T., & Koch, L. J. (2019). Borderline-Persönlichkeitsstörung. In *Psychische StörungsBILDER*. Springer Berlin Heidelberg. http://link.springer.com/10.1007/978-3-662-58288-6_13

Rauthmann, J. F. (2017). *Persönlichkeitspsychologie: Paradigmen – Strömungen – Theorien*. Springer Berlin Heidelberg. http://link.springer.com/10.1007/978-3-662-53004-7

Rowold, J. (2015). *Human Resource Management*. Springer Berlin Heidelberg. http://link.springer.com/10.1007/978-3-662-45983-6

Rowold, J., & Bormann, K. C. (2015). *Innovationsförderndes Human Resource Management*. Springer Berlin Heidelberg.

http://link.springer.com/10.1007/978-3-662-47134-0

Sendera, A., & Sendera, M. (2010). *Borderline - die andere Art zu fühlen: Beziehungen verstehen und leben*. Springer.

Simon, W. (2010). *Persönlichkeitsmodelle und Persönlichkeitstests: 15 Persönlichkeitsmodelle für Personalauswahl, Persönlichkeitsentwicklung, Training und Coaching* (2. Aufl). GABAL-Verl.